CORALIE FERREIRA
FOTOS: AIMERY CHEMIN

GLUTENFREI
BACKEN

INHALT

GRUNDREZEPTE

SÜSSE KLEINIGKEITEN

KUCHEN & TORTEN

EINLEITUNG: BACKEN OHNE GLUTEN _____

Was ist Gluten eigentlich?

Gluten ist eine Mischung aus Proteinen – Prolaminen und Glutelinen –, die in bestimmten Getreidearten enthalten ist, vor allem in Weizen (in all seinen Variationen), Dinkel, Roggen und Gerste. Man findet es im naturbelassenen Korn, aber auch in weiterverarbeiteten Produkten wie Weizenflocken, Mehl oder Stärke. In der Küche, vor allem beim Backen von Torten, Kuchen, Hefegebäck und Brot, dient das im Mehl enthaltene Gluten als Bindemittel und sorgt für einen weichen, voluminösen und gut zu verarbeitenden Teig. Dank seiner verdickenden und klebstoffartigen Eigenschaften ist Gluten Bestandteil vieler traditioneller Backrezepte mit Weizenmehl (z.B. für Tartes, Kuchen, Kekse, Crêpes …), aber auch vieler industriell hergestellter Backwaren – dies manchmal ganz unbemerkt.

Ein Speiseplan ohne Gluten

Es gibt drei voneinander unabhängige Gründe dafür, Gluten aus dem Speiseplan zu streichen:

– Der erste Grund ist eine Glutenintoleranz, auch Zöliakie genannt; eine durch Gluten verursachte Verdauungserkrankung, bei der die Schleimhäute des Darms zerstört werden. Bei Menschen mit Zöliakie verursacht das unverdaut im Dünndarm eintreffende Gluten eine Durchlässigkeit des Darms. Enzyme verändern die Struktur der Glutenproteine und lösen als Kettenreaktion die Produktion von Antikörpern, die Entzündung und schließlich die Zerstörung der Darmschleimhäute aus. Dadurch werden Nährstoffe wie Kalzium, Eisen oder Folsäure schlechter aufgenommen; es kann zu Durchfall, Bauchschmerzen,

Gewichtsabnahme und verzögertem Wachstum kommen. Auf lange Sicht steigt das Risiko einer Demineralisierung der Knochen sowie chronischer Krankheiten (Funktionsstörung der Schilddrüse, Diabetes, Krebs …). Die Krankheit kann genetisch bedingt sein oder durch andere, noch unbekannte Faktoren ausgelöst werden. Eine Zöliakie-Diagnose kann Menschen jeden Alters treffen. Bei einer Blutuntersuchung wird nach den Antikörpern gesucht; es folgt eine endoskopische Untersuchung des Dünndarms. Menschen, die von dieser Krankheit betroffen sind (bis zu eine von 100 Personen, von denen nur 20 Prozent ihre Diagnose kennen), müssen zur Erhaltung ihrer Gesundheit strikt auf Gluten verzichten.

– Der zweite Grund betrifft Menschen, die hypersensibel auf Gluten reagieren (nicht-zöliakische Glutensensitivität). Sie vertragen Gluten nicht gut und können unter Verdauungsstörungen, Bauchschmerzen oder Müdigkeit leiden, sind aber von den mit einer Zöliakie verbundenen Risiken nicht betroffen. Wenn sie Gluten beim Essen weglassen, kehren Gesundheit, gute Verdauung und Wohlbefinden zurück.

– Ein dritter Grund ist die seltenere Gluten- oder (öfter) Weizenallergie. Wird Gluten verzehrt, tritt eine sofortige allergische Reaktion auf, z.B. Atem- oder Verdauungsbeschwerden oder ein Quincke-Ödem.

Für die meisten der betroffenen Personen ist das Weglassen von Gluten eine Frage der Gesundheit, aber es gibt immer mehr Anhänger dieser Essensphilosophie, die darin einen Weg zu mehr Wohlbefinden, einer besseren Verdauung und einer schlankeren Linie sehen. Der Enthusiasmus einiger Stars für glutenfreie Ernährung (z.B. Tennisspieler Novak Djokovic, 2010 mit Zöliakie diagnostiziert, oder Schauspielerin Gwyneth Paltrow, die beschlossen hat, Gluten aus ihrem Speiseplan zu verbannen) ist daran sicher nicht ganz unschuldig!

WELCHE PRODUKTE SOLLTE MAN MEIDEN?

Die Liste der Getreidesorten, die man bei glutenfreier Ernährung meiden sollte, ist eigentlich nicht lang, enthält aber den Feind Nummer Eins aller Zöliakie-Kranken, die Gebäck lieben: den Weizen. Weizen (bzw. Weizenmehl), Basis fast aller leckeren Kuchen und Hefeteilchen, darf nun leider nicht mehr in Ihren Vorratsschrank! Die sicherste Methode, kein Gluten zu sich zu nehmen, ist, so viel wie möglich selbst zu backen und zu kochen, anstatt Fertiggerichte und industriell hergestelltes Gebäck zu essen.

Aus der Küche verbannt werden sollten alle Produkte, die auf folgenden Getreidesorten basieren:
– Weizen in all seinen Beschaffenheiten und Sorten: Weichweizen, Dinkel, Khorasan-Weizen und Triticale (eine Kreuzung aus Weizen und Roggen). Weizenmehl ist für das Backen zu Hause das weitaus häufigste Mehl; es erscheint zunächst schwierig, ohne auszukommen. Doch es gibt zahlreiche andere Mehlsorten und Zutaten, die dabei helfen, ohne Gluten zu backen (siehe die Liste auf S. 6).
– Roggen (Roggenmehl wird häufiger beim Brotbacken als für Gebäck eingesetzt).
– Gerste (findet besonders beim Bierbrauen Einsatz – auf Crêpes mit Bier und andere Bierteige müssen Sie also verzichten!)

– Hafer (dieser kann in bestimmten Fällen in kleinen Mengen verzehrt werden, wird aber je nach Produkt nicht von allen Zöliakiekranken vertragen; es ist sicherer, darauf zu verzichten).

Bei naturbelassenen Produkten weiß man natürlich, ob sie Gluten enthalten (bei einem Weizen- oder Roggenmehl ist das ziemlich klar). Schwierig wird es bei Produkten, die viele verschiedene Zutaten enthalten. Hier muss man wachsamen Auges und ganz systematisch die Zutatenliste daraufhin durchlesen, ob das Produkt Gluten enthalten könnte.

Beim Backen zu Hause ist es besonders wichtig, die Inhaltsstoffe des verwendeten Backpulvers zu kontrollieren (die, die man im Supermarkt kaufen kann, enthalten häufig Weizen); außerdem eventuell verwendete Schokolade; Kekse, die als Boden verwendet werden (z.B. beim Käsekuchen), fertige Teige und Puderzucker. Stellen Sie sicher, dass in keinem Produkt „Spuren von Gluten" enthalten sind – das steht meist unter der Zutatenliste auf der Packung. Denn auch Produkte, die von Natur aus glutenfrei sind, können Spuren von Gluten enthalten, da sie in den gleichen Fertigungsanlagen hergestellt werden wie glutenhaltige Produkte.

WELCHE (ERSATZ-)PRODUKTE KANN MAN EINSETZEN?

Glücklicherweise gehören die glutenhaltigen Getreidesorten zu einer großen Familie, in der man auch eine ganze Reihe glutenfreier Getreide (und andere Produkte) findet. In Mehl- oder Stärkeform werden diese Zutaten Ihnen beim Backen eine ganz neue Geschmackswelt eröffnen und Sie dazu einladen, bisher ungewohnte Produkte wie z.B. Guarkernmehl auszuprobieren.

Hier eine (unvollständige) Liste einiger Mehl- und Stärkesorten, die Sie in Ihrem Vorratsschrank haben sollten. Zur Bereicherung und Variation Ihres Gebäcks können Sie sie allein oder miteinander kombiniert einsetzen:

– Reismehl (weiß, Vollkornreismehl oder Klebreismehl): Eine sehr gute Basis mit einem relativ neutralen Geschmack;
– Maismehl: Ebenfalls ein gutes Grundmehl; leicht süßlicher Geschmack; kann allein oder gemischt mit Reismehl verwendet werden;
– Buchweizenmehl: Natürlich für französische Galetten (Pfannkuchen), aber auch für Mürbegebäck und Kuchen;
– Kastanienmehl: Sehr aromatisch; für Schokoladenkuchen oder zum Mischen mit Reismehl;

– Mais-, Tapioka- und Kartoffelstärke: Sie bringen Luftigkeit in den Teig; man sollte sie aber mit anderen Mehlsorten mischen, da der Teig sonst zu bröckelig wird;
– Pfeilwurzstärke (Arrowroot): Funktioniert sowohl als Binde- wie auch als Verdickungsmittel; wird für Cremes oder als Mehlersatz bei Torten eingesetzt (aber nur in geringen Mengen, da es einen ausgeprägten Geschmack hat);
– Außerdem: Quinoamehl, Maniokmehl, Sorghum, Foniohirse und weitere Hirsesorten, Lupinen, Amaranth, Teff, Nussgräser ... schwieriger zu finden und mitunter teuer, aber reich an ganz unterschiedlichen Geschmacksrichtungen.

Denken Sie auch an getrocknete Früchte und Nüsse: Mandeln, Pistazien, Kokos-, Hasel- oder Walnüsse ... Fein gemahlen, können sie beim Backen das Mehl ersetzen und verleihen dem Kuchen Geschmack und Textur.

Welches Mehl Sie auch wählen: Weiches, lockeres und gut aufgegangenes Gebäck bekommen Sie nur, wenn Sie auf einige wertvolle Küchenhelfer zurückgreifen: glutenfreies Backpulver, Bicarbonate,

Anmerkung
Ist auf einer Packung ein Logo mit einer durchgestrichenen Weizenähre zu sehen, kann man sicher sein, dass das Produkt keinerlei Gluten enthält – weder natürliches noch durch die Herstellung hineingelangtes. Zöliakiekranke können sich an diesem Logo orientieren, um sicherzugehen, keine durch Gluten „verunreinigten" Produkte zu sich zu nehmen.

Trocken- oder frische Hefe, die den Teig aufgehen lassen, sowie das unverzichtbare Guarkernmehl oder Mix'Gom (eine im Internet erhältliche Fertigmischung aus Flohsamenschalen und Akaziengummi), die dem Gebäck Luftigkeit und Struktur verleihen (½ bis 1 Teelöffel für einen normal großen Kuchen).

NEUER GESCHMACK, NEUE TEXTUREN —————

Wer (noch) an den Geschmack von Backwaren, die auf Weizenmehl basieren, gewöhnt ist, wird beim glutenfreien Backen durch die Vielzahl der verschiedenen Getreide- und Pseudogetreidesorten ganz neue Geschmackserlebnisse haben.

Die wahre Herausforderung beim glutenfreien Backen ist die Textur des Gebäcks: Wer einfach auf gut Glück backt, könnte am Ende mit einem spröden, bröseligen oder pappigen Kuchen dastehen. Aber keine Panik! Man kann verschiedene Mehl- und Stärkesorten so mischen, dass jede etwas zur Struktur des Teiges beiträgt. Fertige Mischungen kann man im Laden kaufen, aber mein Rat ist, sie selbst herzustellen (siehe S. 10) und sie an Ihren Geschmack anzupassen.

Gewöhnen Sie sich daran, für eine bessere Textur Guarkernmehl oder Mix'Gom immer gleichzeitig mit dem Mehl zum Teig zu geben. Wenn das Rezept nur wenig Mehl, dafür viele Eier (oder Eischnee) und viel Fett vorsieht, sind diese Mittel aber nicht unbedingt nötig.

Glutenfreie Kuchen sollten rasch verzehrt werden – sie trocknen recht schnell aus und schmecken dann nicht mehr so gut.

Wo gibt es glutenfreie Produkte?

Da sich immer mehr Menschen für eine glutenfreie Ernährung interessieren, gibt es heute auch in Supermärkten eine immer größere (aber natürlich noch ausbaufähige) Auswahl an Produkten mit dem Etikett „glutenfrei". Mehle und Mehlmischungen zum Backen findet man im Regal mit Diätkost, auf jeden Fall aber in Bio- und Spezialläden, und natürlich im Internet. Dort gibt es alle möglichen Mehl- und Stärkesorten sowie viele andere Produkte, wie z.B. Tapiokaperlen, mit denen Sie u. a. schöne Desserts ohne Mehl zaubern können.

Kokosmehl

Buchweizen-Sauerteig

Maisstärke

Quinoamehl

Tapiokastärke

Reismehl

Bicarbonat (Natron)

GLUTENFREIE PRODUKTE ZUM BACKEN

Maismehl

glutenfreies Backpulver

Zyperngrasmehl

gemahlene Mandeln

Kastanienmehl

Mix'Gom

Pfeilwurz
(Arrowroot)

Buchweizenmehl

MEHLMISCHUNGEN

GRUNDMISCHUNG

Eine Mischung, die man für alle Arten von Gebäck verwenden kann

ZUBEREITUNGSZEIT: 5 MINUTEN

Für 1 kg Mehlmischung

- 330 g weißes oder braunes Reismehl
- 330 g Maismehl
- 330 g Maisstärke
- 10 g Mix'Gom

• Reis- und Maismehl, Maisstärke und Mix'Gom zusammen in eine Schüssel sieben und gut vermischen.

• In einem luftdicht schließenden Behälter aufbewahren.

AROMATISCHE MISCHUNG

Eine Mischung, die etwas ausgeprägter schmeckt und duftet; ideal für Kuchen, Joghurt-Torten, Schokoglasuren …

ZUBEREITUNGSZEIT: 5 MINUTEN

Für 1 kg Mehlmischungg

- 500 g weißes oder braunes Reismehl
- 150 g Kastanienmehl
- 150 g Buchweizenmehl
- 190 g Maisstärke
- 10 g Mix'Gom

• Reis-, Kastanien- und Buchweizenmehl, Maisstärke und Mix'Gom zusammen in eine Schüssel sieben und gut vermischen.

• In einem luftdicht schließenden Behälter aufbewahren.

TARTEBODEN

ZUBEREITUNGSZEIT: 10 MINUTEN
RUHEZEIT: 30 MINUTEN
BACKZEIT: 15 BIS 20 MINUTEN

Für 1 Tarteboden (6 Personen)

- 95 g weiche Butter
- 60 g Zucker
- 75 g weißes Reismehl
- 75 g Maismehl
- 40 g Maisstärke
- ½ TL Mix'Gom
- ½ Ei (25 g)
- Butter und glutenfreies Mehl für
  die Form

• In einer Rührschüssel die Butter mit dem Zucker cremig schlagen. Die Mehle, die Stärke und das Mix'Gom hinzufügen. Alles gut verrühren. Das Ei hinzugeben und das Ganze zu einem gleichmäßigen Teig verkneten (falls nötig, ein wenig kaltes Wasser hinzugeben). Aus dem Teig eine Kugel formen.

• Den Teig auf der bemehlten Arbeitsfläche dünn ausrollen. In die gebutterte und bemehlte Tarteform legen. Den Teig mit einer Gabel mehrmals einstechen. 30 Minuten in den Kühlschrank stellen.

• Den Backofen auf 180 °C vorheizen.

• Die Tarte mit oder ohne Belag 15 bis 20 Minuten backen.

TIPP

Für einen Kakao-Tortenboden 5 Gramm Maismehl und 5 Gramm Maisstärke durch 10 Gramm Kakaopulver ersetzen. Sie können den Teig auch mit Gewürzen oder abgeriebener Schale von Zitrusfrüchten aromatisieren oder auch einen Teil des Mehls durch gemahlene Nüsse (Mandeln, Pistazien, Haselnüsse …) ersetzen.

BISKUIT-TORTENBODEN

ZUBEREITUNGSZEIT: 15 MINUTEN
BACKZEIT: 12 MINUTEN

Für 1 Backblech (z.B. 1 Biskuitrolle)

- 70 g Butter
- 4 Eier
- 140 g Zucker
- 130 g glutenfreie Mehlmischung,
  hausgemacht (siehe Rezept auf S. 10)
  oder aus dem Bioladen
- 1 gestrichener TL Mix'Gom
- 30 g gemahlene Mandeln

• Den Backofen auf 180 °C vorheizen.

• Die Butter in einem kleinen Topf auf niedriger Stufe oder in der Mikrowelle schmelzen. Die Eier mit dem Handrührgerät 5 Minuten lang mit dem Zucker verquirlen, zunächst auf mittlerer, dann auf höchster Stufe, bis die Mischung dick und luftig wird. Die zerlassene Butter unter ständigem Schlagen in einem dünnen Strahl dazugießen. Mehlmischung, Mix'Gom und gemahlene Mandeln hinzugeben und mit einem Teigschaber unterheben.

• Den Teig auf ein mit Backpapier belegtes Backblech legen und zu einem 1 cm dicken, großen Rechteck ausrollen. Die Oberfläche mit einem Spatel glattstreichen. In den Ofen schieben und 12 Minuten backen.

TIPP

Der Biskuitboden ist die Basis für zahlreiche Kuchen und Torten, von der Biskuitrolle bis zur Erdbeertorte.

BRANDTEIG

ZUBEREITUNGSZEIT: 20 MINUTEN
BACKZEIT: 40 MINUTEN

Für z.B. etwa 30 Windbeutel

- 50 g weißes Reismehl
- 50 g Kartoffelstärke
- 40 g Maisstärke
- 1 TL Mix'Gom
- 150 ml Milch
- 100 ml Wasser
- 110 g Butter, in Würfel geschnitten
- 1 Prise Salz
- 2 EL Zucker
- 5 Eier (250 g)

- Den Backofen auf 250 °C (Umluft) vorheizen.

- Das Mehl, die beiden Stärken und das Mix'Gom zusammen in eine Rührschüssel sieben.

- Milch und Wasser in einem Topf mit Butter, Salz und Zucker zum Kochen bringen. Vom Herd nehmen, die gesamte Mehl-Stärke-Mischung hineingeben und gut verrühren. Den Topf wieder auf den Herd stellen, auf niedriger Stufe 5 Minuten ununterbrochen mit einem Holzlöffel rühren, bis der Teig so trocken geworden ist, dass er sich vom Topfboden löst.

- Den Teig in eine Rührschüssel geben und weiter rühren, damit er etwas abkühlt. Die Eier eins nach dem anderen hinzugeben, jedes Ei gut unterrühren. Wird der Löffel vom Teig weggezogen, sollte der Teig eine Spitze bilden, die wieder in sich zusammenfällt.

- Einen Spritzbeutel mit einfacher Spritztülle (8 mm Durchmesser) mit Teig füllen. Auf ein mit Backpapier belegtes Backblech Teighäufchen mit ca. 4 cm Durchmesser spritzen.

- In den Backofen schieben, diesen sofort ausschalten. Die Windbeutel 20 Minuten im Ofen backen. Den Ofen wieder einschalten (auf 180 °C) und die Windbeutel weitere 20 Minuten backen; am Ende der Backzeit die Ofentür öffnen, damit die Feuchtigkeit entweichen kann. Die Windbeutel sollten nun goldbraun und fest sein. Vor dem Füllen auf einem Kuchengitter abkühlen lassen.

ZIMTSCHNECKEN MIT AHORNSIRUP UND PEKANNÜSSEN

ZUBEREITUNGSZEIT: 30 MINUTEN
RUHEZEIT: 10 STUNDEN
BACKZEIT: 20 MINUTEN

Für 6 bis 8 Schnecken

- 210 g glutenfreie Mehlmischung für Weißbrot, aus dem Bioladen
- 100 ml Milch, lauwarm
- ½ Ei (25 g)
- 25 g weiche Butter, plus etwas mehr für die Formen
- 50 g Zucker
- 1 TL glutenfreie Trockenhefe
- ½ TL Salz
- 50 g Puderzucker

Für die Füllung

- 32 TL gemahlener Zimt
- 6 EL Rohrzucker
- 4 EL grob gehackte Pekannüsse
- 4 EL Ahornsirup

• Am Vortag in einem Topf 10 g Mehl mit 50 ml Wasser verrühren, auf niedriger Stufe erhitzen, bis die Mischung andickt; mit Frischhaltefolie abdecken und über Nacht in den Kühlschrank stellen.

• Am Tag selbst die Mischung 30 Minuten lang Zimmertemperatur annehmen lassen. In eine Rührschüssel geben, die Milch unterrühren. Ei und Butter hinzugeben; kräftig verrühren. Unter Rühren den Zucker und die Hefe hinzufügen, den Teig 5 Minuten ruhen lassen.

• Den Rest des Mehls und das Salz hinzugeben, verrühren, dann 10 Minuten kneten; der Teig sollte weich sein und nicht kleben. Zu einer Kugel formen, mit einem sauberen Geschirrtuch abdecken und 2 Stunden an einem vor Zugluft geschützten Ort gehen lassen.

• Den Backofen auf 180 °C vorheizen.

• Den Teig auf der bemehlten Arbeitsfläche zu einem großen Rechteck ausrollen (ist er zu klebrig, noch etwas Mehl darauf geben). Das Rechteck mit Zimt, Zucker und Pekannüssen bestreuen. Der Länge nach aufrollen, die Rolle in 8 ca. 3 cm breite Stücke schneiden.

• Jede Teigschnecke in einen gefetteten Backring oder die Vertiefung einer Muffinform legen und mit etwas Ahornsirup bestreichen. 20 Minuten im Ofen backen. Aus dem Ofen nehmen, den Puderzucker mit ein paar Tropfen Wasser zu einer gerade flüssigen Glasur verrühren. Die Zimtschnecken in Streifen mit der Glasur bestreichen.

BLAUBEERMUFFINS MIT WEISSER SCHOKOLADE_

ZUBEREITUNGSZEIT: 15 MINUTEN
BACKZEIT: 25 BIS 30 MINUTEN

Für 12 Muffins

- 260 g Butter
- 250 g glutenfreie Mehlmischung für Kuchen, hausgemacht (siehe Rezept auf S. 10) oder aus dem Bioladen
- 1 TL glutenfreies Backpulver
- 1 TL Mix'Gom
- ¼ TL Salz
- ¼ TL Natron
- 1 Ei
- 150 g Zucker
- 2 EL Mandelmus
- 250 ml Milch
- 125 g frische Blaubeeren
- 80 g weiße Schokolade
- Butter und glutenfreies Mehl für die Form

- Den Backofen auf 200 °C vorheizen.

- Die Butter in einem kleinen Topf auf niedriger Stufe oder in der Mikrowelle schmelzen.

- Mehlmischung, Backpulver, Mix'Gom, Salz und Natron zusammen in eine Rührschüssel sieben.

- In einer anderen Schüssel das Ei mit dem Zucker und dem Mandelmus verquirlen. Die Milch, dann die zerlassene Butter hinzugeben. Die Mehlmischung hinzugeben und alles zügig und kräftig zu einem gleichmäßigen Teig verrühren.

- Die Blaubeeren abspülen, abtropfen lassen und trocken tupfen. Die Schokolade grob hacken. Beides zum Teig geben und untermengen.

- Den Teig in eine gefettete und bemehlte 12er-Muffinform oder Muffin-Papierförmchen geben.

- In den Ofen stellen, die Temperatur auf 180 °C herunterschalten. Die Muffins 25 bis 30 Minuten backen. In der Form abkühlen lassen, erst dann herausnehmen.

BUCHWEIZEN-MÜRBEKEKSE MIT VANILLE UND FLEUR DE SEL

ZUBEREITUNGSZEIT: 15 MINUTEN
BACKZEIT: 12 MINUTEN

Für ca. 30 Kekse

- ½ Vanilleschote
- 120 g leicht gesalzene Butter, zimmerwarm
- 120 g Zucker
- 1 kleines Ei (40 g)
- 200 g Buchweizenmehl
- 50 g gemahlene Mandeln
- Fleur de Sel

- Den Backofen auf 180 °C vorheizen.

- Die halbe Vanilleschote der Länge nach aufschlitzen und das Mark herauskratzen.

- Die Butter in Würfel schneiden. In eine Rührschüssel geben und mit dem Zucker und dem Vanillemark so lange verquirlen, bis die Mischung cremig wird. Das Ei hinzugeben und verrühren, dann das Mehl und die Mandeln zugeben. Alles ausgiebig zu einem gleichmäßigen Teig verkneten, aus dem Teig eine Kugel formen.

- Den Teig auf der bemehlten Arbeitsfläche mit der Teigrolle 2 mm dünn ausrollen. Mit einem runden Ausstechförmchen (5 cm Durchmesser) oder einem umgedrehten Glas Kreise ausstechen. Diese auf ein mit Backpapier belegtes Backblech legen und mit Fleur de Sel bestreuen.

- Im Backofen 12 Minuten backen. Die Kekse vor der weiteren Verarbeitung abkühlen lassen.

SCHOKO-COOKIES MIT HASELNÜSSEN UND FLEUR DE SEL

ZUBEREITUNGSZEIT: 15 MINUTEN
RUHEZEIT: 12 STUNDEN
BACKZEIT: 12 MINUTEN

Für etwa 25 Cookies

- 150 g Butter, gewürfelt
- 80 g Zucker
- 120 g Rohrzucker
- 1 ½ Eier (75 g)
- 1 TL Vanilleextrakt
- 100 g Reismehl
- 80 g Buchweizenmehl
- 50 g Kokosmehl
- 80 g Schokotröpfchen oder gehackte
  dunkle Schokolade
- 30 g grob gehackte Haselnüsse
- Fleur de Sel

• Am Vortag die Butter mit den beiden Zuckersorten in der Küchenmaschine 5 Minuten verquirlen, bis die Mischung sehr cremig wird. Die Eier und den Vanilleextrakt unterrrühren. Die Mehle hinzugeben und noch einmal gut verrühren.

• Den Teig aus der Küchenmaschine nehmen, die Schokotröpfchen und die Nüsse untermengen. Den Teig zu einer Kugel formen, für 12 Stunden in den Kühlschrank legen.

• Am Tag selbst den Backofen auf 180 °C vorheizen.

• Aus dem Teig kleine Kugeln formen (je etwa 35 g schwer und so groß wie ein Tischtennisball), diese auf ein mit Backpapier belegtes Backblech legen. Mit einer Gabel flachdrücken und mit Fleur de Sel bestreuen.

• Die Cookies 12 Minuten im Ofen backen. Abkühlen lassen und so bald wie möglich genießen!

TIPP

Achten Sie darauf, dass die Schokolade auch wirklich kein Gluten enthält, oder kaufen Sie gleich Schokolade mit dem Label *glutenfrei*.

ZITRUS-VANILLE-MADELEINES

ZUBEREITUNGSZEIT: 15 MINUTEN
RUHEZEIT: 2 STUNDEN
BACKZEIT: 8 MINUTEN

Für etwa 20 Madeleines

- 120 g Butter
- 1 Vanilleschote
- 3 Eier
- 120 g Zucker
- 50 g weißes Reismehl
- 50 g Maismehl
- 20 g Maisstärke
- 1 TL glutenfreies Backpulver
- 1/3 TL Mix'Gom
- Schale von 1 unbehandelten Zitrone, in feine Streifen geschnitten
- Butter und Reismehl für die Förmchen

Für die Glasur

- Saft von 1 Zitrone
- 50 g Puderzucker

- Die Butter in einem kleinen Topf auf niedriger Stufe oder in der Mikrowelle schmelzen.

- Die Vanilleschote längs aufschlitzen und das Mark herauskratzen.

- Die Eier trennen. Das Eigelb in einer Rührschüssel mit dem Zucker und dem Vanillemark so lange verquirlen, bis die Mischung sehr cremig ist. Mehle, Stärke, Backpulver und Mix'Gom in die Schüssel sieben.

- Das Eiweiß leicht mit der Gabel verquirlen und ebenfalls dazugeben. Die zerlassene Butter hinzugießen und alles vermengen. Die Zitronenschale hinzugeben. Die Rührschüssel abdecken und den Teig für 2 Stunden in den Kühlschrank stellen.

- Den Backofen auf 220 °C vorheizen.

- Den Teig dreiviertelhoch in gefettete und bemehlte (mit Reismehl!) Madeleine-Förmchen füllen. Im Ofen 4 Minuten backen, dann die Temperatur auf 180 °C herunterschalten und die Madeleines weitere 4 Minuten backen. Aus der Form nehmen und auf einem Kuchengitter abkühlen lassen.

- Den Puderzucker in ein Schälchen sieben, den Zitronensaft hinzugeben und beides mit einer Gabel zu einer noch leicht flüssigen Glasur verquirlen. Die Madeleines von allen Seiten mit der Glasur bestreichen. Bei Zimmertemperatur abkühlen lassen.

SAFTIGE SCHOKO-QUINOA-MINIKUCHEN _____

ZUBEREITUNGSZEIT: 35 MINUTEN
BACKZEIT: 8 MINUTEN

Für 8 Personen

Für die Kuchen

- 300 g dunkle Schokolade
- 150 g Butter, in Würfel geschnitten
- 6 Eier
- 175 g Zucker
- 50 g Quinoamehl
- 1 TL Mix'Gom
- 25 g gemahlene Haselnüsse

Für die Crème Anglaise

- 1 Vanilleschote
- 500 ml Milch
- 6 Eigelb
- 60 g Zucker

• Für die Crème Anglaise die Vanilleschote der Länge nach aufschlitzen und das Mark herauskratzen.

• Die Milch mit dem Vanillemark in einem kleinen Topf zum Kochen bringen.

• Das Eigelb mit dem Zucker in einer Metallschüssel so lange verquirlen, bis die Mischung hell wird. Die kochende Milch nach und nach unter ständigem Rühren hinzugießen. Die Mischung wieder in den Topf geben und unter ständigem Rühren mit einem Kochlöffel auf kleiner Stufe weiterköcheln lassen, bis die Creme eindickt und den Löffelrücken überzieht. Durch ein feines Sieb gießen und abkühlen lassen. In den Kühlschrank stellen.

• Den Backofen auf 180 °C vorheizen.

• Die Schokolade zusammen mit der Butter in einem kleinen Topf auf niedriger Stufe schmelzen.

• In einer Rührschüssel die Eier 5 Minuten lang mit dem Zucker verquirlen, bis die Mischung dicker wird. Das Quinoamehl, das Mix'Gom und die gemahlenen Haselnüsse unterrühren. Die geschmolzene Schokolade hinzugeben und weiterrühren.

• Den Teig in mit Backpapier ausgekleidete Backringe geben. Im Ofen 8 Minuten backen; die Kuchen sollten im Inneren noch leicht cremig-schmelzend sein.

• Die Kuchen in den Formen abkühlen lassen. Mit der Crème Anglaise servieren.

CUPCAKES

ZUBEREITUNGSZEIT: 20 MINUTEN
KÜHLZEIT : 3 STUNDEN
BACKZEIT: 20 MINUTEN

Für etwa 10 Cupcakes

10 Himbeeren zum Dekorieren

Für den Teig

- 115 g weiche Butter
- 120 g Zucker
- 1 TL Vanilleextrakt
- 2 Eier
- 80 g weißes Reismehl
- 20 g Kokosmehl
- 70 g Maisstärke
- 1 ½ TL glutenfreies Backpulver
- 1 TL Mix'Gom
- 15 g Kakaopulver
120 ml Milch

Für die Buttercreme

- 200 g Milchschokolade, grob gehackt
- 30 g Butter
- 120 ml Schlagsahne

• Für die Buttercreme die Schokolade mit der Butter in eine Schüssel geben. Die Sahne in einem kleinen Topf zum Kochen bringen. Zur Schokoladenmischung gießen, abdecken und 5 Minuten stehen lassen, dann zu einer gleichmäßigen Creme verrühren.

• Abkühlen lassen, dann für mindestens 3 Stunden in den Kühlschrank stellen.

• Den Backofen auf 180 °C vorheizen.

• Für den Teig Butter und Zucker 2 Minuten verquirlen, bis eine cremige Mischung entsteht. Den Vanilleextrakt hinzugeben und verrühren. Die Eier eins nach dem anderen hinzugeben, dazwischen immer gut verrühren.

• Mehle, Stärke, Backpulver, Mix'Gom und Kakao zusammen in eine weitere Rührschüssel sieben. Diese Mischung in 3 Portionen, immer abwechselnd mit der Milch, in die vorige Mischung einrühren.

• Den Teig dreiviertelhoch in die Cupcake-Formen geben. 15 bis 20 Minuten im Ofen backen, dann vollständig abkühlen lassen.

• Die Buttercreme zum Auflockern noch einmal leicht durchrühren, dann in einen Spritzbeutel mit gerillter Tülle geben. Auf jeden Cupcake einen Buttercreme-Kringel spritzen und mit je 1 Himbeere dekorieren.

WINDBEUTEL MIT KONDITORCREME

ZUBEREITUNGSZEIT: 30 MINUTEN
BACKZEIT: 40 MINUTEN

Für etwa 20 Windbeutel

Für den Brandteig

- 50 g weißes Reismehl
- 50 g Kartoffelstärke
- 40 g Maisstärke
- 1 TL Mix'Gom
- 150 ml Milch
- 100 ml Wasser
- 110 g Butter
- 2 EL Zucker
- 1 Prise Salz
- 5 Eier (250 g)
- Puderzucker zum Bestäuben

Für die Konditorcreme

- 1 Vanilleschote
- 500 ml Vollmilch
- 6 Eigelb
- 70 g Zucker
- 15 g weißes Reismehl
- 20 g Maisstärke

• Für die Konditorcreme die Vanilleschote aufschlitzen und das Mark herauskratzen. Die Milch mit der Vanilleschote in einem kleinen Topf zum Kochen bringen. Eigelb, Zucker und Vanillemark in einer Metallschüssel so lange verquirlen, bis die Mischung hell wird. Mehl und Stärke dazusieben und verrühren, dann mit etwas heißer Milch verdünnen. Den Rest der Milch zugießen und alles gut vermengen. Die Mischung wieder in den Topf geben und auf niedriger Stufe unter ständigem Rühren eindicken lassen. Die fertige Creme mit Frischhaltefolie abdecken und kühl stellen.

• Den Backofen auf 250 °C (Umluft) vorheizen.

• Nach dem Rezept auf S. 13 einen Brandteig herstellen. Auf ein mit Backpapier belegtes Backblech Teighäufchen mit ca. 4 cm Durchmesser spritzen.

• In den Backofen schieben, diesen sofort ausschalten. Die Windbeutel 20 Minuten im Ofen backen. Den Ofen wieder einschalten (auf 180 °C) und die Windbeutel weitere 20 Minuten backen; am Ende der Backzeit die Ofentür öffnen, damit die Feuchtigkeit entweichen kann. Die Windbeutel sollten nun goldbraun und fest sein. Vor dem Füllen auf einem Kuchengitter abkühlen lassen.

• Die Windbeutel halbieren und mithilfe eines Löffels mit der Konditorcreme füllen. Mit Puderzucker bestäuben und sofort servieren.

SCHOKO-PISTAZIEN-MACARONS

ZUBEREITUNGSZEIT: 40 MINUTEN
BACKZEIT: 10 BIS 12 MINUTEN
KÜHLZEIT: 9 STUNDEN

Für etwa 30 Macarons

Für die Macaron-Hälften

- 60 g Eiweiß, zimmerwarm
- 95 g Zucker
- 1 Msp. pistaziengrüne Lebensmittelfarbe
- 25 ml Wasser
- 75 g gemahlene Mandeln
- 75 g Puderzucker

Für die Schoko-Pistazien-Füllung

- 35 g Zucker
- 60 g Pistazienkerne
- 200 g Milchschokolade
- 30 g Butter
- 120 ml Schlagsahne

• Den Backofen auf 140 °C vorheizen. 30 g des Eiweißes mit 20 g Zucker und der Lebensmittelfarbe steif schlagen. Den Rest des Zuckers mit dem Wasser auf niedriger Stufe zu Sirup einkochen (110 °C heiß). Den Sirup auf den Eischnee gießen und 10 Minuten verquirlen.

• Die Mandeln mit dem Puderzucker mischen, durchsieben, dann mit dem restlichen Eiweiß verrühren. Die Eischnee-Sirupmischung mit einem Teigschaber unterheben, bis ein glänzender Teig entsteht. In einen Spritzbeutel füllen und auf ein mit Backpapier belegtes Backblech eine gerade Anzahl Kreise mit 2 cm Durchmesser spritzen. 10 bis 12 Minuten im Ofen backen.

• Für die Füllung den Zucker mit 1 TL Wasser erhitzen, bis die Mischung 121 °C erreicht. Die Pistazien darin köcheln lassen, bis der Zucker trocken wird. Weiter unter Rühren auf niedriger Stufe erhitzen, damit die Pistazien karamellisieren, dann auf Backpapier abkühlen lassen und fein mahlen, sodass eine Paste entsteht.

• Die Schokolade in einer Metallschüssel hacken. Pistazienpaste und Butter dazugeben. Die Sahne zum Kochen bringen, zur Schokolade gießen. Abdecken und 5 Minuten stehen lassen, dann zu einer Creme verrühren. Mit Folie abdecken und 3 Stunden kühl stellen.

• Die Füllung in einen Spritzbeutel mit gerillter Tülle (1 cm Durchmesser) geben und auf die Hälfte der Macaronhälften etwas Creme spritzen. Mit den restlichen Macaronhälften bedecken.

NACHMITTAGSWAFFELN

ZUBEREITUNGSZEIT: 15 MINUTEN
RUHEZEIT: 2 STUNDEN
BACKZEIT: 2 MINUTEN PRO WAFFEL

Für etwa 10 Waffeln

- 150 g Butter
- 400 ml Vollmilch
- 1 Vanilleschote
- 170 g weißes Reismehl
- 100 g Maisstärke
- ½ Tütchen glutenfreies Backpulver
- 1 Prise Salz
- 50 g heller Rohrzucker
- 1 TL Mix'Gom
- 2 ganze Eier + 4 Eiweiß
- 1 TL Vanilleextrakt
- Puderzucker zum Bestäuben

• Die Butter in einem kleinen Topf auf niedriger Stufe oder in der Mikrowelle schmelzen.

• Die Milch mit der längs aufgeschlitzten Vanilleschote in einem kleinen Topf zum Kochen bringen, dann abkühlen lassen.

• Mehl, Stärke und Backpulver zusammen in eine Rührschüssel sieben. Salz, Rohrzucker und Mix'Gom hinzugeben.

• In einer großen Schüssel die ganzen Eier mit der Vanillemilch und dem Vanilleextrakt verquirlen. Diese Mischung nach und nach unter Rühren in die Schüssel mit der Mehlmischung geben. Die geschmolzene Butter zugeben und einrühren.

• Das Eiweiß steif schlagen und vorsichtig unterheben. Die Schüssel abdecken und 2 Stunden in den Kühlschrank stellen.

• Die Vanilleschote herausnehmen. Eine kleine Kelle Teig in das vorgeheizte Waffeleisen geben, ungefähr 2 Minuten backen, bis die Waffel schön goldbraun ist. Die weiteren Waffeln ebenso backen, mit Puderzucker bestäuben und sofort genießen.

VANILLE-ORANGENBLÜTEN-CRÊPES

ZUBEREITUNGSZEIT: 10 MINUTEN
RUHEZEIT: 2 STUNDEN
BACKZEIT: 4 MINUTEN PRO CRÊPE

Für etwa 20 Crêpes

- 1½ Vanilleschote
- 60 g leicht gesalzene Butter, in Würfel
  geschnitten
- 600 ml Milch
- 60 g Zucker
- 50 g glutenfreie Mehlmischung für
  Kuchen, hausgemacht (siehe Rezept
  auf S. 10) oder aus dem Bioladen
- 150 g Maismehl
- 50 g Maisstärke
- 1 ½ TL Mix'Gom
- 4 Eier
- 1 ½ EL Orangenblütenwasser
- 1 ½ EL Grand Marnier®
- Butter zum Braten

• Die halbe Vanilleschote längs aufschlitzen und mit einem Messerrücken das Mark herauskratzen.

• Die Butter mit der Milch, dem Vanillemark und der Schote sowie dem Zucker in einen kleinen Topf geben. Leicht erhitzen, bis die Butter geschmolzen ist. Die Vanilleschote herausnehmen.

• Die Mehle, die Stärke und das Mix'Gom in einer Rührschüssel vermischen. Die Eier eins nach dem anderen hinzugeben, dazwischen immer gut verrühren. Die Milch-Butter-Mischung nach und nach einrühren, dann das Orangenblütenwasser und den Grand Marnier. Alles gut verrühren. Die Schüssel abdecken und 2 Stunden in den Kühlschrank stellen.

• Eine mit Küchenpapier leicht gebutterte Crêpe-Pfanne auf mittlerer Stufe erhitzen. Wenn sie ganz heiß ist, eine kleine Kelle Teig in die Pfanne geben und gleichmäßig darin verteilen, bis der Boden ganz bedeckt ist. 2 bis 3 Minuten braten, dann wenden und weitere 1 bis 2 Minuten braten. Auf einen Teller gleiten lassen. Die anderen Crêpes ebenso braten. Nach Belieben mit einem leckeren Aufstrich, Konfitüre oder Zucker und Zitrone servieren.

POLENTA-ZITRONEN-KUCHEN MIT MOHN ____

ZUBEREITUNGSZEIT: 20 MINUTEN
BACKZEIT: 40 MINUTEN

Für 6 bis 8 Personen

- 2 unbehandelte Zitronen
- 200 g Butter + etwas mehr für die Form
- 4 Eier
- 200 g Zucker
- 100 g Maisstärke
- 200 g vorgekochte Polenta
- 1 Tütchen glutenfreies Backpulver
- 1 EL Mohnsamen

- Den Backofen auf 210 °C vorheizen.

- Die Zitronen waschen, die Schalen fein abreiben und den Saft einer Zitrone auffangen.

- Die Butter in einem kleinen Topf auf niedriger Stufe oder in der Mikrowelle schmelzen, dann abkühlen lassen.

- Die Eier und den Zucker in einer Metallschüssel (z.B. der Schüssel einer Küchenmaschine) so lange verquirlen, bis die Mischung hell wird. Maisstärke, Polenta und Backpulver hinzugeben, alles gut verrühren. Unter ständigem Rühren nach und nach die zerlassene Butter hinzugießen. Zitronenabrieb, Zitronensaft und Mohn hinzugeben. Noch einmal umrühren, dann den Teig in eine gefettete und mit Backpapier ausgelegte Kastenform füllen.

- Den Kuchen 10 Minuten im Ofen backen, dann die Temperatur auf 180 °C herunterschalten und den Kuchen weitere 30 Minuten backen. Einige Minuten in der Form abkühlen lassen, dann auf ein Kuchengitter stürzen.

CARROT CAKE

ZUBEREITUNGSZEIT: 30 MINUTEN
BACKZEIT: 1 STUNDE

Für 8 bis 10 Personen

- 5 Eier
- 1 unbehandelte Orange
- 280 g Karotten
- 280 g weiche Butter
- 150 g Zucker
- 150 g Rohrzucker
- 1 TL Natron
- ½ TL Vanillezucker
- ½ Tonkabohne, gerieben
- Einige Prisen gemahlener Kardamom
- Einige Prisen gemahlene Muskatnuss
- Einige Prisen gemahlener Zimt
- 100 g braunes Reismehl
- 50 g Maismehl
- 30 g Maisstärke
- 20 g Pfeilwurz (Arrowroot)
- 100 g gemahlene Mandeln
- 110 g grob gehackte Haselnusskerne
- Butter und glutenfreies Mehl für die Form

Für die Limettencreme

- 1 unbehandelte Limette
- 300 g Frischkäse
- 60 g Puderzucker

• Den Backofen auf 180 °C vorheizen.

• Die Eier trennen. Die Orange waschen, die Schale abreiben, die Orange auspressen. Die Karotten schälen und fein raspeln.

• Die Butter in einer Metallschüssel mit den beiden Zuckersorten 1 Minute verschlagen. Das Eigelb einrühren. Orangenabrieb und –saft, Natron, Vanillezucker und Gewürze hinzufügen. Zuerst die Karottenraspel, dann Mehle, Maisstärke, Pfeilwurz, gemahlene Mandeln und Nüsse hinzugeben und vermengen.

• Das Eiweiß steif schlagen und vorsichtig unterheben.

• Den Teig in eine gebutterte und bemehlte Springform füllen. 1 Stunde im Ofen backen. Einige Minuten in der Form abkühlen lassen, dann auf ein Kuchengitter stürzen und vollständig auskühlen lassen.

• Für die Creme die Limette waschen, die Schale mit dem Zestenreißer in feinen Streifen abschneiden und die Limette auspressen. Den Frischkäse in einer Schüssel mit dem Puderzucker, dem Limettensaft und der Hälfte der Limettenzesten verrühren, sodass eine weiche, aber kompakte Creme entsteht.

• Die Creme mit einem Löffelrücken auf dem Kuchen verstreichen und mit den restlichen Limettenzesten garnieren.

KUCHEN AUS ZWEIERLEI SCHOKOLADE MIT AMARENAKIRSCHEN

ZUBEREITUNGSZEIT: 20 MINUTEN
BACKZEIT: 45 MINUTEN

Für 6 bis 8 Personen

- 100 g dunkle Schokolade, grob gehackt
- 200 g Butter, in Würfel geschnitten, + etwas mehr für die Form
- 4 Eier
- 150 g Zucker
- 100 g glutenfreie Mehlmischung, hausgemacht (siehe Rezept „Aromatische Mehlmischung" auf S. 10) oder aus dem Bioladen
- 30 g gemahlene Mandeln
- 50 g Maisstärke
- 2 gestrichene TL glutenfreies Backpulver
- ½ TL Mix'Gom
- 1 EL Kakaopulver
- 100 g Amarenakirschen
- 100 g Milchschokolade, grob gehackt

Für die Dekoration

- 100 g dunkle Schokolade, grob gehackt
- einige Amarenakirschen

- Den Backofen auf 180 °C vorheizen.

- Die dunkle Schokolade in einen kleinen Topf geben, die Butter hinzufügen und alles auf niedriger Stufe unter Rühren schmelzen lassen.

- Die Eier in einer Metallschüssel oder der Schüssel einer Küchenmaschine mit dem Zucker verquirlen, bis die Mischung hell wird. Mehl, gemahlene Mandeln, Maisstärke, Backpulver, Mix'Gom und Kakao zusammen in die Schüssel sieben und alles gut vermengen. Die geschmolzene Schokolade nach und nach unter Rühren hinzugießen. Zum Schluss die Kirschen und die Milchschokoladenstücke unterheben.

- Den Teig in eine gefettete und mit Backpapier ausgelegte Kastenform füllen. 45 Minuten im Ofen backen. Den Kuchen 5 Minuten in der Form abkühlen lassen, dann auf ein Kuchengitter stürzen.

- Für die Glasur die Schokolade in einem kleinen Topf auf niedrigster Stufe oder in der Mikrowelle schmelzen. Den Kuchen mithilfe eines Teigschabers mit der Schokoglasur bestreichen und mit den Amarenakirschen dekorieren. Bei Zimmertemperatur abkühlen lassen.

SAFTIGER MANDEL-APRIKOSENKUCHEN _____

ZUBEREITUNGSZEIT: 10 MINUTEN
BACKZEIT: 45 MINUTEN

Für 6 bis 8 Personen

- 4 Eier
- 150 ml Schlagsahne
- 160 g Zucker + etwas mehr zum
  Bestreuen
- 40 g weißes Reismehl
- 40 g Maismehl
- 40 g Maisstärke
- 1 gestrichener TL glutenfreies
  Backpulver
- 120 g gemahlene Mandeln
- 70 g Butter
- 6 Aprikosen
- Butter und glutenfreies Mehl für die
  Form

• Den Backofen auf 180 °C vorheizen.

• Die Eier in einer Metallschüssel verquirlen. Die Sahne und den Zucker zugeben und 3 Minuten zu einer luftigen Mischung verschlagen. Mehle, Stärke, Backpulver und gemahlene Mandeln in die Schüssel sieben und zügig verrühren.

• Die Butter in einem kleinen Topf auf niedriger Stufe oder in der Mikrowelle schmelzen, nach und nach unter Rühren zum Teig geben.

• Den Teig in eine gebutterte und bemehlte rechteckige Form füllen.

• Die Aprikosen waschen, halbieren und entsteinen. Auf dem Kuchen verteilen (mit den Schnittflächen nach oben) und mit Zucker bestreuen.

• Den Kuchen im Ofen 45 Minuten backen. In der Form auskühlen lassen.

VANILLE-CHEESECAKE MIT SALZIGER KARAMELLSOSSE

ZUBEREITUNGSZEIT: 30 MINUTEN
BACKZEIT: 1 STUNDE
RUHEZEIT: 12 STUNDEN

Für 8 bis 12 Personen

Für den Boden

- 250 g glutenfreie Butterkekse
- 80 g weiche Butter

Für die Frischkäsecreme

- 1 Vanilleschote
- 500 g Frischkäse
- 200 ml Crème fraîche
- 120 g Zucker
- 4 Eier

Für die Karamellsoße

- 200 g Zucker
- ½ Vanilleschote
- 300 ml Schlagsahne
- 50 g leicht gesalzene Butter, in Würfel geschnitten

• Den Cheesecake am Vortag backen: Den Backofen auf 180 °C vorheizen. Die Butterkekse fein zermahlen, mit der Butter in eine Schüssel geben, mit den Fingerspitzen zu einem feucht-krümeligen Teig verkneten.

• Den Boden einer Springform mit Backpapier auslegen. Die Keksmasse darauf verteilen, mit einem Löffelrücken gut andrücken und an den Seiten etwas hochziehen. 10 Minuten im Ofen backen. Herausnehmen, die Temperatur auf 130 °C herunterschalten.

• Für die Creme die Vanilleschote aufschlitzen und das Mark herauskratzen. Den Frischkäse mit der Crème fraîche und dem Vanillemark verrühren. Den Zucker, dann die Eier unter kräftigem Rühren hinzugeben. Die Creme auf dem Boden verstreichen. 50 Minuten im Ofen backen: Am Ende der Backzeit soll die Mitte des Kuchens noch weich sein. Bei Zimmertemperatur abkühlen lassen, dann über Nacht kühl stellen.

• Am Tag selbst für die Soße den Zucker in einem Topf mit schwerem Boden auf mittlerer Stufe erhitzen, in einem anderen Topf die Sahne mit der halben gespaltenen Vanilleschote. Wenn der Zucker zu goldenem Karamell geworden ist, den Topf vom Herd nehmen, die heiße Sahne hinzugießen und gut umrühren. Wieder auf den Herd stellen und zu einer gleichmäßigen Masse verrühren. Die Butter hinzugeben, 3 Minuten auf mittlerer Stufe unter Rühren köcheln lassen. Abkühlen lassen. Die Vanilleschote herausnehmen. Den Cheesecake aus der Form nehmen und mit der Soße servieren.

ORANGENKUCHEN MIT JOGHURT ────────

ZUBEREITUNGSZEIT: 25 MINUTEN
BACKZEIT: 45 MINUTEN

Für 8 Personen

- 3 unbehandelte Orangen
- 3 Eier
- 1 Becher Vollmilchjoghurt
- 1 ½ Joghurtbecher Rohrzucker + 1 EL
  für die Form
- 3 Joghurtbecher glutenfreie
  Mehlmischung, hausgemacht (siehe
  Rezept „Grundmischung" auf S. 10)
  oder aus dem Bioladen
- 1 Joghurtbecher gemahlene Mandeln
- 1 TL glutenfreies Backpulver
- 1 TL Mix'Gom
- 1 Prise Salz
- ½ Joghurtbecher Sonnenblumenöl
  oder zerlassene Butter
- Butter und glutenfreies Mehl für die
  Form
- Puderzucker zum Bestäuben

• Den Backofen auf 170 °C vorheizen.

• Die Orangen waschen, die Schale von 1 Orange abreiben, die Orange auspressen.

• Die Eier trennen, das Eiweiß steif schlagen.

• Den Joghurt in eine Rührschüssel geben. Den Becher ausspülen und gut abtrocknen (er dient im Folgenden als Messbecher für weitere Zutaten).

• Zuerst den Rohrzucker, dann das Eigelb, den Orangenabrieb und –saft in die Schüssel geben und gut verrühren. Mehl, gemahlene Mandeln, Backpulver, Mix'Gom, Salz und Öl (oder Butter) hinzufügen und alles zu einem gleichmäßigen Teig verkneten. Zum Schluss den Eischnee unterheben.

• Die restlichen Orangen in dünne Scheiben schneiden.

• Eine Springform mit 24 cm Durchmesser einfetten und mit Mehl bestreuen. Den Boden mit Zucker bestreuen, die Orangenscheiben darauf legen und den Teig darauf verteilen. 45 Minuten im Ofen backen (der Kuchen ist fertig, wenn ein hineingestochenes Messer trocken bleibt).

• Den Kuchen 5 Minuten in der Form abkühlen lassen, dann auf ein Kuchengitter stürzen. Mit Puderzucker bestäuben und vollständig auskühlen lassen.

MARMORKUCHEN

ZUBEREITUNGSZEIT: 20 MINUTEN
BACKZEIT: 45 MINUTEN

Für 8 Personen

- 50 g dunkle Schokolade, grob gehackt
- 50 g weiße Schokolade, grob gehackt
- 200 g Butter
- 4 Eier
- 150 g Zucker
- 100 g glutenfreie Mehlmischung,
  hausgemacht (siehe Rezept
  „Grundmischung" auf S. 10) oder aus
  dem Bioladen
- ½ TL Mix'Gom
- 30 g gemahlene Mandeln
- 50 g Maisstärke
- ½ Tütchen glutenfreies Backpulver
- 1 Vanilleschote
- 1 TL Kakaopulver
- ½ Tonkabohne, gerieben
- Butter für die Form

• Den Backofen auf 180 °C vorheizen.

• Beide Schokoladensorten mit 100 g der Butter in einen kleinen Topf geben. Auf niedriger Stufe unter regelmäßigem Rühren schmelzen.

• Die Eier in einer Metallschüssel (z.B. der Schüssel einer Küchenmaschine) so lange mit dem Zucker verquirlen, bis die Masse hell wird. Restliche Butter zugeben; Mehl, Mix'Gom, gemahlene Mandeln, Stärke und Backpulver zusammen in die Schüssel sieben und alles gut vermengen.

• Den Teig auf 2 Schüsseln aufteilen. Die geschmolzene dunkle in die eine, die weiße Schokolade in die andere Schüssel gießen. Beide Mischungen gut verrühren.

• Die Vanilleschote längs aufschlitzen, das Mark herauskratzen.

• Den Kakao in den dunklen Teig sieben. Das Vanillemark und die geriebene Tonkabohne in den hellen Teig geben. Noch einmal durchrühren, dann die Teige in abwechselnden Schichten in eine gebutterte und bemehlte Kastenform füllen.

• Etwa 45 Minuten im Ofen backen. 5 Minuten in der Form abkühlen lassen, dann auf ein Kuchengitter stürzen und vollständig auskühlen lassen.

STREUSELKUCHEN MIT JOHANNISBEEREN ──

ZUBEREITUNGSZEIT: 15 MINUTEN
BACKZEIT: 50 MINUTEN

Für 8 bis 10 Personen

Für den Teig

- 195 g glutenfreie Mehlmischung, hausgemacht (siehe „Grundmischung" auf S. 10) oder aus dem Bioladen
- 2 gestrichene TL glutenfreies Backpulver
- ¼ TL Natron
- ½ TL Fleur de Sel
- 2 Eier
- 160 g weiche Butter
- 200 g Zucker
- 1 TL Vanilleextrakt
- 120 ml Vollmilch
- 70 g Johannisbeeren

Für die Coulis

- 100 g Johannisbeeren, gewaschen und entkernt
- 50 g Zucker

Für die Streusel

- 20 g Pistazienkerne
- 30 g glutenfreie Mehlmischung, hausgemacht (siehe „Grundmischung" auf S. 10) oder aus dem Bioladen
- 20 g Butter, zimmerwarm
- 15 g Zucker

• Den Backofen auf 180 °C vorheizen. Mehl, Backpulver, Fleur de Sel und Natron vermischen.

• Die Eier trennen. Die Butter in einer Metallschüssel so lange mit dem Zucker verrühren, bis eine cremige Mischung entsteht. Unter Rühren das Eigelb und den Vanilleextrakt zugeben. Nach und nach abwechselnd die Mehlmischung und die Milch zugeben, dazwischen immer gut rühren. Das Eiweiß steif schlagen und unterheben. Den Teig in eine runde, mit Backpapier ausgeschlagene Kuchenform füllen, die Johannisbeeren darauf verteilen.

• Für die Streusel die Pistazien zu Pulver zermahlen. In einer Schüssel mit Mehl, Butter und Zucker vermischen, mit den Fingerspitzen zu groben Streuseln verkneten. Die Hälfte davon auf den Beeren verteilen, die andere Hälfte auf ein mit Backpaper belegtes Backblech geben.

• Den Kuchen 40 Minuten im Ofen backen. Herausnehmen und abkühlen lassen. Die Streusel 15 Minuten im Ofen backen.

• Für die Coulis die Johannisbeeren zusammen mit dem Zucker in einen Topf geben und auf niedriger Stufe 5 Minuten kochen lassen. Fein pürieren.

• Den Kuchen auf eine Kuchenplatte stürzen und vollständig auskühlen lassen. Mit der Coulis begießen und mit den restlichen Streuseln bestreuen.

HONIGKUCHEN

ZUBEREITUNGSZEIT: 20 MINUTEN
BACKZEIT: 1 STUNDE

Für 8 bis 12 Personen

- 250 g Honig
- 50 g Rohrzucker
- 150 ml Milch
- 50 ml neutrales Öl (z. B. Traubenkernöl)
- 100 g Buchweizenmehl
- 50 g Quinoamehl
- 50 g braunes Reismehl
- 50 g Maisstärke
- 10 g Pfeilwurz (Arrowroot)
- 1 TL Natron
- 1 TL Mix'Gom
- 1 TL Lebkuchengewürz
- ½ TL Salz
- 80 g gehackte Orangenschale
- 50 g Mandelblättchen
- 2 EL Orangenblütenwasser
- Butter und glutenfreies Mehl für die
  Form

Für den Sirup

- 100 g Puderzucker
- 150 ml Wasser

Zum Garnieren

- Mandelblättchen

• Den Backofen auf 150 °C vorheizen.

• Den Honig in einem kleinen Topf mit dem Rohrzucker, der Milch und dem Öl bis zum Siedepunkt erhitzen, gut verrühren.

• Mehle, Stärke, Pfeilwurz, Natron, Mix'Gom, Gewürz und Salz in eine Metallschüssel sieben. Die heiße Honigmischung hinzugießen und das Ganze zu einem Teig verkneten. Orangenschale, Mandelblättchen und Orangenblütenwasser hinzugeben.

• Den Teig in eine gebutterte und bemehlte Kastenform füllen. 1 Stunde im Ofen backen.

• Für den Sirup den Puderzucker mit dem Wasser in einem kleinen Topf zum Kochen bringen, dann ruhen lassen.

• Den Kuchen aus dem Ofen nehmen, 5 Minuten abkühlen lassen, dann auf ein Kuchengitter stürzen.

• Den Kuchen mit dem Sirup bestreichen und mit Mandelblättchen bestreuen. Abkühlen lassen und mit Frischhaltefolie abgedeckt im Kühlschrank aufbewahren.

SCHOKO-PEKANNUSS-TORTE MIT KAFFEECREME

ZUBEREITUNGSZEIT: 40 MINUTEN
KÜHLZEIT: 3 STUNDEN
BACKZEIT: 45 MINUTEN

Für 8 Personen

Für die Torte

- 265 g Zucker
- 70 g weißes Reismehl
- 50 g Kastanienmehl
- 75 g Maismehl
- 30 g Maisstärke
- 80 g gemahlene Pekannüsse
- 10 g Kakaopulver
- 1 ½ TL glutenfreies Backpulver
- 1 ½ TL Natron
- 1 gestrichener TL Mix'Gom
- 1 Prise Salz
- 2 Eier
- 250 ml Milch
- 100 ml neutrales Öl (z. B. Traubenkernöl)
- 2 TL Vanilleextrakt
- Butter für die Form
- 50 g ganze Pekannüsse
- 30 g dunkle Schokospäne

Für die Kaffeecreme

- 230 g Frischkäse
- 230 g weiche Butter
- 1 EL Kaffeeextrakt
- 150 g Puderzucker

• Für die Kaffeecreme den Frischkäse aus dem Kühlschrank nehmen, um ihn auf Zimmertemperatur zu bringen. Mit der Butter zu einer cremigen Mischung verrühren. Nach und nach unter Rühren den Kaffeeextrakt und den Puderzucker zugeben, bis die Creme ganz glatt wird. 3 Stunden in den Kühlschrank stellen.

• Den Backofen auf 180 °C vorheizen.

• Für den Kuchen den Zucker in einer Metallschüssel mit Mehlen, Stärke, gemahlenen Pekannüssen, Kakao, Backpulver, Natron, Mix'Gom und Salz mischen. Eier, Milch, Öl und Vanilleextrakt hinzugeben, das Ganze 2 Minuten verrühren.

• Den Teig in eine gefettete Springform geben. 45 Minuten im Ofen backen, dann 10 Minuten abkühlen lassen, den Ofen nicht ausschalten.

• Die Pekannüsse auf ein Backblech geben, 10 Minuten im Ofen rösten, dann hacken.

• Den Kuchen auf ein Kuchengitter stürzen und abkühlen lassen. Auf eine Kuchenplatte setzen. Halbieren, die untere Hälfte mit der Hälfte der Kaffeecreme bestreichen, die obere Hälfte wieder aufsetzen und mit dem Rest der Creme bestreichen. Mit den Pekannüssen und den Schokospänen bestreuen. Bis zum Verzehr kalt stellen.

SCHOKOLADEN-NUSSKUCHEN

ZUBEREITUNGSZEIT: 45 MINUTEN
BACKZEIT: 18 BIS 20 MINUTEN

Für 8 Personen

Für den Kuchen

- 250 g gehackte Haselnüsse + 40 g zum Garnieren
- 130 g dunkle Schokolade, grob gehackt
- 60 g leicht gesalzene Butter, in Würfel geschnitten
- 4 Eier
- 65 g Zucker
- 1 gestrichener EL Buchweizenmehl
- ½ Tütchen glutenfreies Backpulver
- 1 EL gemahlene Haselnüsse
- 100 ml Milch
- Butter und glutenfreies Mehl für die Form

Für den Karamell

- 100 ml Kokosnusscreme
- ½ Vanilleschote
- 65 g Zucker
- 10 g leicht gesalzene Butter

Für die Nuss-Mousse

- 150 ml sehr kalte Kokosnusscreme
- 1 EL Nuss-Nugat-Creme
- 1 gehäufter EL Puderzucker

• Den Backofen auf 180 °C vorheizen. Die Nüsse auf einem Backblech 15 Minuten im Ofen rösten. Schokolade und Butter auf niedriger Stufe schmelzen.

• Die Eier trennen. Das Eigelb in einer Metallschüssel mit dem Zucker verquirlen, bis die Mischung hell wird. Die Schoko-Butter-Mischung unter Rühren zugeben, dann Mehl, Backpulver und gemahlene Nüsse. Die Milch zugießen und alles vermengen. Den Teig in eine gebutterte und bemehlte Springform mit 24 cm Durchmesser füllen. Die 50 g gehackten Haselnüsse darauf verteilen. 18 bis 20 Minuten im Ofen backen. 5 Minuten abkühlen lassen, dann auf ein Kuchengitter stürzen.

• Für den Karamell die Kokoscreme mit der halben gespaltenen Vanilleschote in einem Topf erhitzen. In einem anderen Topf den Zucker auf niedriger Stufe schmelzen. Wenn er golden karamellisiert, vom Herd nehmen und sofort die heiße Kokoscreme zugeben. Den Topf wieder auf den Herd stellen und so lange rühren, bis der Karamell sich aufgelöst hat. Die Butter hinzugeben und rühren. Die Vanilleschote entfernen.

• Für die Mousse die Kokoscreme halb steif schlagen. Nach du nach die Nuss-Nugat-Creme und den gesiebten Puderzucker hinzufügen und weiter schlagen, bis die Mousse schön fest ist. Die Mousse kurz vor dem Servieren auf dem Kuchen verstreichen. Mit Karamell beträufeln und mit gehackten Nüssen bestreuen.

VANILLE-HIMBEER-BISKUITROLLE

ZUBEREITUNGSZEIT: 50 MINUTEN
BACKZEIT: 12 MINUTEN
KÜHLZEIT: 3 STUNDEN

Für 8 Personen

Für den Biskuitteig

- 70 g Butter
- 4 Eier
- 140 g Zucker
- 130 g glutenfreie Mehlmischung, hausgemacht (siehe „Grundmischung" auf S. 10) oder aus dem Bioladen
- 1 gestrichener TL Mix'Gom
- 30 g gemahlene Mandeln

Für den Sirup

- 75 g Zucker
- 1 EL Grand Marnier®
- 1 Vanilleschote
- 30 g Himbeeren, gewaschen

Für die Mascarponecreme

- 200 g Himbeeren + einige zum Dekorieren
- 300 g Mascarpone + 150 g zum Dekorieren
- 50 g Puderzucker + 20 g zum Dekorieren
- 150 ml Sahne

- Den Backofen auf 180 °C vorheizen.

- Den Biskuitteig nach dem Rezept auf S. 12 zubereiten. 12 Minuten im Ofen backen.

- Für den Sirup die Himbeeren waschen und in einem Topf mit 200 ml Wasser, Zucker und Grand Marnier® 10 Minuten kochen. Die Vanilleschote längs aufschlitzen, das Mark herauskratzen und beiseitestellen. Die Schote in den kochenden Sirup geben.

- Den Sirup filtern und eine Seite des Biskuitbodens damit bepinseln. Den Boden rasch auf einem sauberen, feuchten Geschirrtuch umdrehen und auch die andere Seite bestreichen. Den Boden mithilfe des Geschirrtuchs aufrollen und kühl stellen.

- Für die Creme den Mascarpone mit dem Puderzucker und dem Vanillemark 2 Minuten verquirlen. Nach und nach unter ständigem Rühren die Sahne hinzugeben. Die Himbeeren mit einem Spatel unterheben.

- Den Biskuitboden vorsichtig wieder entrollen. Mit der Mascarponecreme bestreichen und erneut aufrollen. 3 Stunden in den Kühlschrank stellen.

- Kurz vor dem Servieren die Endstücke der Rolle abschneiden. Den Mascarpone für die Dekoration mit den 20 g gesiebtem Puderzucker verrühren und auf die Rolle streichen. Mit einigen Himbeeren dekorieren und leicht mit Puderzucker bestäuben.

DACQUOISE MIT PISTAZIEN UND ROTEN FRÜCHTEN

ZUBEREITUNGSZEIT: 40 MINUTEN
BACKZEIT: 12 MINUTEN
KÜHLZEIT: 8 BIS 10 STUNDEN

Für 6 bis 8 Personen

Für die Pistazien-Dacquoise

- 90 g Eiweiß (etwa 3 Eier)
- 30 g Zucker
- 60 g Pistazienkerne, gemahlen
- 65 g Puderzucker, gesiebt, + etwas mehr
  zum Bestäuben

Für die Himbeer-Mousse

- 3 Blätter Gelatine
- 300 g frische Himbeeren
- 50 g Puderzucker
- Saft von 1 Zitrone
- 250 ml kalte Schlagsahne
- 250 g kalte Crème fraîche

Zum Dekorieren

- 100 g gemischte rote Früchte
- gehackte Pistazien
- einige frische Blumen (optional)

• Die Dacquoise am Vortag zubereiten. Den Backofen auf 200 °C vorheizen. Das Eiweiß mit dem Zucker sehr steif schlagen. Die Pistazien und den Puderzucker unterheben, bis eine glatte Masse entsteht. Diese auf einem Bogen Backpapier verstreichen, in Form eines großen Kreises, der etwas größer ist als die später verwendete Backform. Mit Puderzucker bestäuben, 12 Minuten im Ofen backen, abkühlen lassen.

• Die Dacquoise mit einem Backring von 20 cm Durchmesser „ausschneiden", dabei die Innenwand mit Backpapier auskleiden. Das Ganze in die Backform stellen, diese auf Backpapier setzen.

• Für die Mousse die Gelatine 10 Minuten in kaltem Wasser einweichen. Himbeeren, Puderzucker und Zitronensaft zum Kochen bringen. Pürieren, abseihen und abkühlen lassen.

• Die Sahne mit der Crème fraîche steif schlagen. Etwas Himbeerzubereitung in einem Topf erhitzen. Vom Herd nehmen, die ausgedrückte Gelatine hinzugeben und vermengen. Diese Mischung in den Rest der Himbeerzubereitung geben. Mit einem Teigschaber nach und nach die Sahnemischung unterheben.

• Die Mousse auf die Dacquoise geben und glatt streichen. Über Nacht in den Kühlschrank stellen. Am Tag selbst den Kuchen auf eine Platte heben, das Papier abziehen. Mit Früchten, Pistazien und Blumen dekorieren.

BROWNIE-SCHOKOKUCHEN

ZUBEREITUNGSZEIT: 15 MINUTEN
BACKZEIT: 20 MINUTEN

Für 8 Personen

Für den Kuchen

- 200 g dunkle Schokolade, grob gehackt
- 130 g leicht gesalzene Butter, in Würfel
  geschnitten
- 6 Eier
- 100 g Zucker
- 1 gehäufter EL Kastanienmehl
- 2 TL glutenfreies Backpulver
- Butter und glutenfreies Mehl für die
  Form

Für die Glasur

- 100 g dunkle Schokolade, grob gehackt
- 100 g Schlagsahne
- 40 g Milchschokolade, mit einem
  Sparschäler in Späne gehobelt

• Den Backofen auf 180 °C vorheizen.

• Die Schokolade zusammen mit der Butter in einem kleinen Topf auf niedriger Stufe schmelzen.

• Die Eier trennen. Das Eigelb in einer Metallschüssel so lange mit dem Zucker verquirlen, bis die Masse hell wird. Die geschmolzene Schokomasse hinzugeben und gut verrühren. Das Mehl und das Backpulver unterrühren.

• Das Eiweiß steif schlagen und mit einem Teigschaber unterheben.

• Den Teig in eine gebutterte und bemehlte Backform mit 24 cm Durchmesser geben. Etwa 20 Minuten im Ofen backen. Den Kuchen 5 Minuten in der Form abkühlen lassen, dann auf ein Kuchengitter stürzen.

• Für die Glasur die dunkle Schokolade in eine Schüssel geben. Die Sahne in einem kleinen Topf zum Kochen bringen und heiß zur Schokolade gießen. 5 Minuten stehen lassen, dann glatt rühren.

• Die Schokoglasur auf dem Kuchen verstreichen, abkühlen lassen, dann mit Milchschokoladenspänen dekorieren.

GRAPEFRUIT-HALBGEFRORENES MIT BAISERHAUBE

ZUBEREITUNGSZEIT: 20 MINUTEN
BACKZEIT: 5 MINUTEN (SIRUP)
GEFRIERZEIT: 8 STUNDEN

Für 8 Personen

Für das Halbgefrorene

- 3 unbehandelte Grapefruits
- 3 Eier
- 50 g Zucker
- 30 g Puderzucker
- 500 ml sehr kalte Sahne
- 1 großes, fertiges Baiser

Für die Baiserhaube

- 125 g Zucker
- 25 ml Wasser
- 65 g Eiweiß (etwa 2 Eier)

• Am Vortag 1 Grapefruit waschen, die Schale abreiben und die Grapefruit auspressen.

• Die Eier trennen. Das Eigelb in einer Metallschüssel mit Zucker, Grapefruitsaft und Abrieb verquirlen, bis die Mischung hell wird. Das Eiweiß steif schlagen, unter Schlagen den Puderzucker einrieseln lassen, bis fester Eischnee entsteht. Diesen unter die Eigelbmasse heben.

• Die Sahne steif schlagen und unterheben. Das Baiser grob hacken, die Stückchen ebenfalls unterheben.

• Die restlichen Grapefruits schälen, in Filets teilen. Eine Schüssel mit Frischhaltefolie auslegen. Die Hälfte der Zubereitung einfüllen. Die Hälfte der Grapefruitfilets darauflegen, darauf den Rest der Zubereitung geben, dann den Rest der Grapefruitfilets. Mit Folie abdecken und über Nacht ins Gefrierfach stellen.

• Am Tag selbst für die Baiserhaube 100 g des Zuckers auf mittlerer Stufe mit dem Wasser zu 121 °C heißem Sirup einkochen. Das Eiweiß mit dem Rest des Zuckers sehr steif schlagen. Den heißen Sirup darauf gießen und weiter schlagen: Das Baiser sollte glatt und fest sein.

• Das Halbgefrorene auf eine Platte stürzen, dazu den Boden der Schüssel kurz unter heißes Wasser halten. Mit einer Baiserhaube bedecken, diese mithilfe eines Crémebrulée-Brenners anbräunen und das Kunstwerk sofort servieren.

APFELTARTE

ZUBEREITUNGSZEIT: 25 MINUTEN
KÜHLZEIT: 30 MINUTEN
BACKZEIT: 35 MINUTEN

Für 6 Personen

Für den Teig

- 395 g weiche Butter
- 60 g Zucker
- 40 g weißes Reismehl
- 35 g Quinoamehl
- 75 g Maismehl
- 38 g Maisstärke
- 1 TL Mix'Gom
- ½ Ei (25 g)
- Butter und glutenfreies Mehl für die
  Form

Für den Belag

- 14 Äpfel (Royal Gala oder Golden
  Delicious)
- 100 g Apfelmus
- 40 g Zucker

• Butter und Zucker in einer Metallschüssel cremig schlagen. Mehle, Stärke und Mix'Gom dazusieben; alles zu einer körnigen Masse vermengen. Das Ei hinzufügen und alles zu einem gleichmäßigen Teig verkneten. Zu einer Kugel formen.

• Den Teig auf der bemehlten Arbeitsfläche mit der Teigrolle ausrollen, dann in eine gebutterte und bemehlte Tarteform mit 25 cm Durchmesser legen. Mit einer Gabel mehrmals einstechen. Die Form für 30 Minuten in den Kühlschrank stellen.

• Den Backofen auf 180 °C vorheizen.

• Für den Belag die Äpfel schälen und entkernen, zunächst in Viertel, dann in feine Scheiben schneiden.

• Das Apfelmus auf dem Tarteboden verstreichen, die Apfelscheiben dachziegelartig darauf anordnen. Mit Zucker bestreuen. 35 Minuten im Ofen backen. Die Tarte lauwarm oder kalt genießen.

SCHOKOLADEN-KARAMELL-TARTE _____

ZUBEREITUNGSZEIT: 40 MINUTEN
BACKZEIT: 25 MINUTEN
RUHEZEIT: 5 BIS 6 STUNDEN

Für 8 Personen

Für den Teig

- 100 g Butter, zimmerwarm, in Würfel geschnitten
- 50 g Puderzucker
- 200 g Buchweizenmehl
- 1 Prise Salz
- 1 kleines Ei (40 g)
- 15 g gemahlene Mandeln
- 30 g dunkle Schokolade, grob gehackt

Für die Karamellsoße

- 200 g Zucker
- 300 ml Sahne
- ½ Vanilleschote, gespalten
- 45 g leicht gesalzene Butter

Für die Schokoladencreme

- 200 g dunkle Schokolade, grob gehackt
- 30 g Butter
- 180 ml Schlagsahne

• Die Butter in einer Küchenmaschine mit dem Puderzucker verrühren. Mehl und Salz zugeben und auf höchster Stufe rühren. Erst das Ei, dann die Mandeln zugeben, immer gut einarbeiten. Den Teig kurz durchkneten und zu einer Kugel formen. In Frischhaltefolie wickeln und 30 Minuten in den Kühlschrank legen.

• Den Backofen auf 180 °C vorheizen. Den Teig auf der bemehlten Arbeitsfläche rasch ausrollen. Eine Tarteform mit 30 cm Durchmesser mit dem Teig auslegen und 5 Minuten kalt stellen. Den Tarteboden 15 Minuten im Ofen backen, herausnehmen.

• Die Schokolade auf niedriger Stufe schmelzen, mit einem Pinsel eine feine Schicht davon auf den Tarteboden auftragen. In den Kühlschrank stellen.

• Für die Soße den Zucker in einem Topf mit schwerem Boden auf mittlerer Stufe erhitzen, in einem anderen Topf die Sahne mit der Vanilleschote. Wenn der Zucker zu goldenem Karamell geworden ist, den Topf vom Herd nehmen, die heiße Sahne hinzugießen und gut umrühren, bis der Karamell sich aufgelöst hat. Wieder auf dem Herd zu einer gleichmäßigen Masse verrühren. Die Butter hinzugeben, 3 Minuten auf mittlerer Stufe unter Rühren köcheln lassen. Die Vanilleschote herausnehmen. Die Sauce auf den Tarteboden geben. 1 Stunde Zimmertemperatur annehmen lassen, dann kühl stellen, bis der Karamell fest ist.

• Für die Schokoladencreme der Anleitung auf S. 26 (1. Abschnitt) folgen. Ebenfalls auf den Tarteboden geben und 3 Stunden bei Zimmertemperatur ruhen lassen.

GALETTEN MIT OBST DER SAISON _____

ZUBEREITUNGSZEIT: 25 MINUTEN
BACKZEIT: 25 MINUTEN

Für 6 Galetten

Für den Teig

- 165 g weißes Reismehl
- 35 g Buchweizenmehl
- 30 g Quinoamehl
- 30 g Maisstärke
- 1 EL Zucker
- ½ TL Mix'Gom
- 90 g leicht gesalzene Butter,
  zimmerwarm, in Würfel geschnitten

Für den Belag

- 3 Äpfel
- 50 g frische Blaubeeren
- 50 g frische Himbeeren
- 100 g Zucker

- Den Backofen auf 180 °C vorheizen.

- Für den Teig Mehle, Stärke, Zucker und Mix'Gom in einer Schüssel vermischen. Die Butter zugeben und mit den Fingerspitzen einarbeiten. Danach gut mit den Händen verkneten. Den Teig zu einer Kugel formen, diese in 6 Portionen teilen.

- Für den Belag die Äpfel waschen und in feine Scheiben schneiden. Die Blaubeeren und die Himbeeren rasch abspülen.

- Jede Teigportion auf der bemehlten Arbeitsfläche ausrollen. Die Teigscheiben vorsichtig auf ein mit Backpapier belegtes Backblech legen. Mit Äpfeln, Blaubeeren und Himbeeren belegen. Die Ränder der Teigscheiben etwas einklappen, alles mit Zucker bestreuen. 25 Minuten im Ofen backen.

- Die Galetten auf einem Kuchengitter abkühlen lassen.

ZITRONEN-BAISER-TÖRTCHEN MIT ZITRONENTHYMIAN

ZUBEREITUNGSZEIT: 1 STUNDE
BACKZEIT: 15 MINUTEN
RUHEZEIT: 3 ½ STUNDEN

Für 10 Törtchen

Für den Tarteteig

- 95 g weiche Butter
- 60 g Zucker
- 75 g weißes Reismehl
- 75 g Maismehl
- 40 g Maisstärke
- ½ TL Mix'Gom
- ½ Ei (25 g)
- Butter, glutenfreies Mehl für die Formen

Für die Zitronencreme

- 2 unbehandelte Zitronen
- 3 Eier
- 100 g Zucker
- 75 g zerlassene Butter

Für den Lemon Curd

- 2 unbehandelte Zitronen
- 2 Eier
- 80 g Zucker
- 120 g Frischkäse (Petits Suisses)

Für das Baiser

- 195 g Zucker
- 4 Zweige Zitronenthymian
- 100 g Eiweiß

• Den Tarteteig nach dem Rezept auf S. 11 zubereiten. Auf der bemehlten Arbeitsfläche dünn ausrollen, dann 10 gebutterte und bemehlte Tartelettförmchen mit dem Teig auslegen. Mit der Gabel mehrmals einstechen und in den Kühlschrank stellen.

• Den Backofen auf 180 °C vorheizen. Für die Creme die Zitronen waschen, von 1 Zitrone die Schale abreiben, beide Zitronen auspressen. Die Eier mit dem Zucker verquirlen. Butter, Zitronenabrieb und Zitronensaft unterrühren. Auf jeden Törtchenboden 3 EL der Mischung geben. Die Törtchen 15 Minuten backen.

• Für den Lemon Curd die Zitronen waschen, die Schale abreiben und den Saft auspressen (80 ml). Die Eier in einem Topf mit dem Zucker verrühren, Abrieb und Zitronensaft hinzugeben. Unter Rühren auf niedriger Stufe eindicken lassen. Leicht abkühlen lassen, dann den Frischkäse unterrühren, alles pürieren, abseihen und 3 Stunden kühl stellen. Auf die Törtchen geben und glatt streichen. In den Kühlschrank stellen.

• Für das Baiser 160 g des Zuckers mit 40 ml Wasser und dem Zitronenthymian zum Kochen bringen (121 °C heiß). Gleichzeitig das Eiweiß mit dem restlichen Zucker zu festem Eischnee schlagen. Ist der Sirup fertig, den Thymian herausnehmen, den Sirup zum Eischnee geben und 5 Minuten weiterschlagen, bis der Eischnee glatt und fest ist. Die Baisermasse auf die Törtchen geben. Mithilfe eines Créme-brulée-Brenners oder kurz unter dem Ofengrill anbräunen.

MINI-PIES AUS ZYPERNGRASMEHL MIT BIRNEN UND HIMBEEREN

ZUBEREITUNGSZEIT: 35 MINUTEN
BACKZEIT: 25 MINUTEN

Für 8 Mini-Pies

Für den Teig

- 80 g weiche Butter
- 60 g Zucker
- 35 g Zyperngrasmehl
- 40 g weißes Reismehl
- 75 g Maismehl
- 38 g Maisstärke
- ½ Ei (25 g)
- 2 EL Wasser
- Butter und glutenfreies Mehl für die
  Form

Für die Füllung

- 3 Birnen, geschält und entkernt
- ½ Vanilleschote
- 4 EL Zucker
- ½ EL Maisstärke
- Saft von ½ Zitrone
- 125 g Himbeeren

• Die Butter in einer Metallschüssel mit dem Zucker cremig verquirlen. Die Mehle und die Stärke hinzusieben und unterrühren. Das Ei und das Wasser zugeben und das Ganze zu einem gleichmäßigen Teig kneten. Zu einer Kugel formen. Den Teig auf der bemehlten Arbeitsplatte ausrollen und die Mulden einer gebutterten, bemehlten 8er-Muffinform damit auslegen. Den Rest beiseitestellen. Die Form in den Kühlschrank stellen.

• Für die Füllung die Birnen in kleine Stücke schneiden, in einen Topf geben. Die halbe Vanilleschote längs aufschlitzen und das Mark herauskratzen.

• Den Zucker mit der Stärke mischen, die Birnen damit bestäuben. Vanillemark und –schote sowie den Zitronensaft hinzugeben. 5 Minuten auf mittlerer Stufe erhitzen, dann abkühlen lassen.

• Die Himbeeren abspülen und mit den Birnen mischen. Die Vanilleschote herausnehmen. Die Böden mit den Früchten belegen, mit Kochflüssigkeit beträufeln.

• Den Backofen auf 180 °C vorheizen. Den Rest des Teiges auf der Arbeitsfläche ausrollen und 8 Kreise ausstechen, die etwas größer sind als die Mulden der Form. In der Mitte jeweils einen kleinen Kreis ausstechen. Auf jeden Mini-Pie einen Teigkreis legen und an den Rändern gut andrücken. Oben mehrmals einstechen, damit der Dampf entweichen kann. 25 Minuten backen. Auf einem Kuchengitter auskühlen lassen.

ERDBEER-CREME-TARTE

ZUBEREITUNGSZEIT: 30 MINUTEN
BACKZEIT: 18 MINUTEN
RUHEZEIT: 2 STUNDEN

Für 6 Personen

- 500 g Erdbeeren
- Puderzucker

Für den Teig

- 95 g weiche Butter
- 60 g Zucker
- 75 g weißes Reismehl
- 75 g Maismehl
- 30 g Maisstärke
- ½ TL Mix'Gom
- ½ Ei (25 g)
- 20 g gemahlene Mandeln
- Butter und glutenfreies Mehl für die Form

Für die Konditorcreme

- 1 Vanilleschote
- 500 ml Vollmilch
- 6 Eigelb
- 70 g Zucker
- 15 g weißes Reismehl
- 15 g Maisstärke

• Die Butter in einer Metallschüssel mit dem Zucker cremig verquirlen. Mehle, Stärke und Mix'Gom dazusieben, gut einrühren. Das Ei und die Mandeln unterrühren. Das Ganze zu einem gleichmäßigen Teig kneten, eine Kugel formen (falls nötig, noch etwas Wasser zugeben). Den Teig auf der bemehlten Arbeitsfläche dünn ausrollen. In einer gebutterten, bemehlten Tarteform mit 25 cm Durchmesser auslegen. Mit einer Gabel mehrmals einstechen. 18 Minuten backen, bis der Teig gerade goldbraun ist. Abkühlen lassen.

• Für die Konditorcreme die Vanilleschote aufschlitzen und das Mark herauskratzen. Die Milch mit der Vanilleschote in einem kleinen Topf zum Kochen bringen. Das Eigelb, den Zucker und das Vanillemark in einer Metallschüssel so lange verquirlen, bis die Mischung hell wird. Mehl und Stärke dazusieben und verrühren, dann mit etwas heißer Milch verdünnen. Den Rest der Milch zugießen und alles gut vermengen. Die Mischung wieder in den Topf geben und auf niedriger Stufe unter ständigem Rühren eindicken lassen. Die fertige Creme mit Frischhaltefolie abdecken, abkühlen lassen, dann 2 Stunden in den Kühlschrank stellen.

• Die Erdbeeren waschen, entstielen und halbieren.

• Den Tarteboden mit der Konditorcreme bestreichen, die Erdbeeren rosettenförmig darauf anordnen. Mit Puderzucker bestäuben und sofort servieren.

DANKSAGUNGEN

Ein riesiges Dankeschön an Aimery und ihr Shrilling chicken dafür,
dass sie das Shooting zu diesem Buch so zauberhaft gemacht haben.
Coralie Ferreira

MENGENANGABEN

	Metrisches System	Amerikanisches System	Andere Schreib-weise
Flüssigkeiten	5 ml	1 Teelöffel	
	15 ml	1 Esslöffel	
	35 ml	1/8 Tasse	1 oz (oder once)
	65 ml	1/4 Tasse oder 1/4 Glas	2 oz
	125 ml	1/2 Tasse oder 1/2 Glas	4 oz
	250 ml	1 Tasse oder 1 Glas	8 oz
	500 ml	2 Tassen	
	1 l	4 Tassen	

	Metrisches System	Amerikanisches System	Andere Schreib-weise
Gewichtseinheiten	30 g	1 oz	
	55 g	1/8 lbs	2 oz
	115 g	1/4 lbs	4 oz
	170 g	3/8 lbs	6 oz
	225 g	1/2 lbs	8 oz
	454 g	1 lbs	16 oz

	Wärme	°C	Thermostat	°F
Temperatur	Gering	70 °C	2–3	150 °F
	Warm	100 °C	3–4	200 °F
		120 °C	4	250 °F
	Mittel	150 °C	5	300 °F
		180 °C	6	350 °F
	Heiß	200 °C	6–7	400 °F
		230 °C	7–8	450 °F
	Sehr heiß	260 °C	8–9	500 °F

© der deutschen Ausgabe:
Ullmann Medien GmbH

© der französischen Ausgabe:
Pâtisserie sans gluten
Mango, Paris

Alle Rechte vorbehalten

Übersetzung aus dem Französischen: Katrin Höller,
    writehouse, Köln
Lektorat/Redaktion: writehouse, Köln
Satz und Produktion: InterMedia, Ratingen
Umschlaggestaltung: Roman Bold & Black, Köln

Gesamtherstellung: Ullmann Medien GmbH, Potsdam

ISBN: 978-3-7415-2004-4

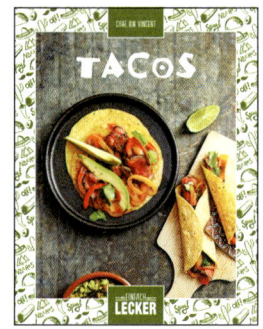